ВОПРЕКИ

новелла

Doctor Gadfly

Copyright © 2019 RiverFront Publishing

All rights reserved

ISBN-13: 9781733035705

Visit www.amazon.com to order additional copies

Я в зеркале увидел папу

Я в зеркале увидел папу,

Случайно разглядев его.

Увидел и почти заплакал,

Не понимая сам с чего.

Из полумрака коридора

Вдруг папа улыбнулся мне.

Как будто он, как прежде, дома,

А не в небесной синеве.

Потом я понял: в отраженье

Был я, похожий на него...

Одно короткое мгновенье –

А сколько вспомнилось всего!

Пётр Давыдов

Посвящается моей семье и памяти моего папы…

Выражаю огромную признательность всем людям, кто боролся за его жизнь.

Нам свежесть слов и чувства простоту
Терять не то ль , что живописцу — зренье
Или актеру - голос и движенье,
А женщине прекрасной - красоту?

Но не пытайся для себя хранить
Тебе дарованное небесами:
Осуждены - и это знаем сами -
Мы расточать, а не копить.

Иди один и исцеляй слепых,
Чтобы узнать в тяжелый час сомненья
Учеников злорадное глумленье
И равнодушие толпы.

Анна Ахматова

Старый деревенский сад укутан вечерней прохладой. Воздух пропитан запахом свежескошенного сена и звоном сверчков. Млечный путь, как разлитое молоко из кувшина, беловатой мутью расплескался по темному покрывалу неба. Звезды Большой Медведицы приветливо мерцают в вышине. Они все такие же, как и много лет назад. Словно ничего не поменялось, и я, как в далеком детстве, с трудом повторяю за папой их сложные имена: Дубхе, Мерак, Фекда, Мегрец, Алиот и Мицар.

Только вот папы больше нет. Он превратился в такую же маленькую звездочку и теплым грустным огоньком смотрит на нас из ночной глубины.

Конец ноября. Серое промозглое утро было разорвано тревожным телефонным звонком, который разрезал мою жизнь на до и после. У папы при эндоскопии в желудке нашли большое крупнобугристое образование. Его растерянный и подавленный голос глухо звучал в телефонной трубке:
-Что мне теперь делать? Да, да, конечно же, я приеду в Москву. Давай хоть варенье с собой возьму?
- Папа, какое варенье? Бери лишь самое необходимое - одежду себе на первое время. Я сегодня же вышлю тебе электронный билет…
Через день в томительном ожидании огромного горя я встречал его на вокзале. У папы много лет назад выявили полип желудка, с тех пор он избегал обследований, боялся болезненной и неприятной эндоскопии, злился, если я разговаривал с ним на эту тему: «Вечно ты какую-нибудь гадость скажешь. Настоящий врач должен больного успокаивать!»

Ничто не предвещало беды. В августе мы с папой наводили порядок в старой деревенской усадьбе в станице, где когда-то жили мои бабушка и дедушка. Он был полон сил и энергии: собирал мусор, косил траву, много ездил на велосипеде.

Незадолго до смерти. Папа работает в деревенской усадьбе. Когда-то много лет назад здесь отмечалась родительская свадьба.

Медосмотр накануне не показал ничего плохого, результаты УЗИ были просто идеальны. Но в сентябре после дня рождения (папе исполнилось 69 лет) появились боли в желудке. Они не снимались никакими «ренни» и «смектами». Опять игнорирование моей просьбы пройти эндоскопическое исследование. И лишь в ноябре, когда боли стали нарастать, папа наконец-то согласился серьезно обследоваться…

Когда к перрону подъезжал поезд, я почему-то подумал, что это, наверное, последняя папина поездка. В последний раз он видел улицы родного города, квартиру, в которой прожил 40 лет, кота, оставленного на попечении соседки…В судорожной спешке папа купил ему корма, насыпал в чемодан дачных орехов и в последний раз в жизни закрыл ключом двери родного дома.

Я теперь не могу есть грецкие орехи. Каждый раз, когда их вижу, горло сжимает ком, а мир перед глазами мутнеет от слёз…

А потом было тщательное обследование в условиях клиники, где я работаю. Повторная эндоскопия с биопсией, рентген, МРТ, УЗИ, всевозможные анализы. Огромное спасибо коллегам и товарищам по работе, которые помогли определить диагноз по гистологии и иммуногистохимии в рекордно короткие сроки.. За три дня были определены масштабы постигшей нас катастрофы: четвертая, самая последняя онкологическая стадия, злокачественная низкодифференцированная огромная опухоль по задней стенке желудка, подрастающая к поджелудочной железе. Конгломераты метастатически пораженных лимфоузлов вокруг желудка и в забрюшинном пространстве. Вся печень нафарширована метастазами, словно сыр с дырками разных размеров.

На консилиуме хирурги-онкологи развели руками. Доктора медицинских наук с большим опытом работы, они привыкли к сложным и тяжелым операциям. В нашем хирургическом центре спасают многих безнадежных больных, от которых отказались в других регионах России. Но здесь даже эти врачи сказали, что случай неоперабельный, папа просто не выдержит такого вмешательства. Процесс настолько запущенный, что вряд ли отец проживет более двух месяцев. Оставалась одна надежда – химиотерапия.

У меня возникло ощущение, будто бы началась война, и мы с папой оказались в одном окопе. Одна винтовка на двоих. А впереди – грозная армада немецких танков – тяжелейшее онкологическое заболевание и наша Система[1]. Исход битвы заведомо ясен. Но надо бороться. Надо воевать до конца.

Лечиться за рубежом коллеги по работе отсоветовали – при такой стадии больные просто не выдерживают перелетов на очередной курс

---

[1] Система- это совокупность идей, взглядов и взаимоотношений постсоветского общества, основанная на страхе людей перед авторитарной властью, изоляции от окружающего мира, *создании* образа внешнего врага (США, НАТО и западные страны). Система презирает инакомыслящих людей с либеральными взглядами, культивирует силу, связи, коммуникации. Характерными признаками Системы являются патриотизм, заниженная социальная значимость человека, дешевый труд, бессмысленность повышения квалификации и уровня культуры.

химиотерапии. А ехать в чужую страну на длительное время, где мы никому не нужны, снимать жилье и налаживать быт с тяжелейшим онкологическим больным неразумно и просто страшно.

Нам помог знакомый врач-химиотерапевт, который когда-то работал в нашей больнице. По своим каналам он выяснил, что в настоящее время в России существует программа лечения рака желудка специальными иммунопрепаратами. Эти препараты оказывают поразительный эффект при далеко зашедших стадиях рака легкого и меланомы, при этом метастазы уменьшаются или исчезают вовсе, больные буквально возвращаются с того света. По предварительным данным, при раке желудка иммунотерапия эффективна лишь в 24,0% случаев, но все равно это гораздо лучше, чем лечение обычной «химией». Японские ученые некоторых таких больных тянут до 88 месяцев. Одна американская компания продолжает подобное исследование по всему миру, выделена квота на иммунотерапию пяти больных при раке желудка из России. Главное – успеть попасть в эту пятерку.

Поначалу меня очень смутило такое предложение. Ведь иммунотерапия при раке желудка еще не до конца изучена. Может быть лучше лечиться традиционными химиопрепаратами с очень низким эффектом? Но ведь тогда - гарантированная смерть через 6-8 месяцев. Вдруг это наш последний шанс? А мы его не используем. Ведь есть же счастливчики, которые после лечения иммунопрепаратами живут долгие годы!

Были звонки очень многим людям, вплоть до главного химиотерапевта онкоцентра имени Н.Н. Блохина. В результате получено устное согласие о включении нас в программу исследования. Теперь дело за малым: по горячим следам физически попасть к руководителю данной программы.

На следующий день мы были перед главным клиническим корпусом Каширки[2]. Вход в клинику – строго по пропускам. Помню пожилого мужчину и женщину, которые, тщетно пытаясь прорваться к доктору, умоляли регистратора из бюро пропусков выписать им заветный листочек. Увы, все бесполезно! Мужчина со слезами отошел в сторонку и, всхлипывая, стал бормотать: «У нас очень важный вопрос…

---

[2] Каширка – онкологический центр имени Н.Н. Блохина, одно из главных лечебных учреждений России для лечения онкологических больных.

Отгородились охраной, и никак не прорваться… Неужели нам теперь умирать?».

Видя такое дело, я набрался наглости и позвонил заместителю главного химиотерапевта, напомнил о его вчерашнем разговоре. Тот, чертыхаясь, позвонил охранникам, и нас пропустили…
Когда мы поднялись в отделение, перед его кабинетом уже толпилась куча народу. Мы терпеливо ждали своей очереди. Вдруг из кабинета, важно надувая щеки, вышел маленький толстый человечек. Увидев нас, он скорчил недовольную гримасу и брезгливо буркнул себе под нос: «Нет, это невозможно!» - а затем прошел прочь сквозь толпу страждущих.

Через какое-то время нас все-таки приняли, и папу официально включили в программу. Это была наша маленькая победа! Мы успели. Отец возвращался с Каширки окрыленный: «Как хочется пожить хотя бы еще несколько лет!» Американцы подарили миру чудодейственное лекарство от рака. Они подарили моему папе Надежду: будут лечить его за свои деньги. И после этого я должен их ненавидеть и считать врагами, как внушают нам по телевизору и в газетах?

А потом были две недели томительного ожидания. Дело в том, что перед началом иммунотерапии важно провести специальное иммуногистохимическое исследование с выявлением PDL-рецепторов на клетках опухоли. Иммунопрепараты будут эффективны только в том случае, если таких рецепторов много. К сожалению, данное исследование проводилось *в* тот момент только в одной лаборатории – в одной-единственной на всю нашу огромную Россию! И ждать заключения нам пришлось долгих 14 дней. Много ли это или мало в условиях обширного метастазирования, на грани декомпенсации?

Я тоже работаю в иммуногистохимической лаборатории и знаю, что все реактивы для анализов – западные: из Дании, Великобритании, США и т.д. Российских аналогов просто нет. За огромные деньги такие реактивы приходится покупать за рубежом, потому что без них очень часто невозможно поставить диагноз и определить правильное лечение. Люди, которые выступают за изоляцию России от запада, обрекают онкологических больных на нищету и гибель. Аннексия Крыма, война на Донбассе и Сирии привела к невиданному ослаблению рубля. Многие больницы потеряли возможность покупать дорогие импортные реактивы, в других больницах постоянно возникают перебои с их поставками. А страдают больные. Я сам неоднократно бывал свидетелем, когда пациенты с тяжелейшим онкологическим заболеванием ждали наших исследований 4-6-8 недель. Терялось драгоценное время, и люди уходили в мир иной.

От многих людей я слышал, что лечебное учреждение, в которое мы попали, сильно коррумпировано. За каждый шаг здесь нужно платить. Иначе ты будешь сидеть под дверью по 5-6 часов, и в лучшем случае с тобой будут разговаривать сквозь зубы. Неофициально каждый курс химиотерапии здесь стоит от 5 до 25 тысяч рублей. А еще важно поблагодарить доктора за прием и консультацию, а также не забыть медсестру, которая ставит капельницу. Деньги нужно положить в конвертик и тщательно завуалировать его в подарке или коробке конфет. Я решил придерживаться местных правил, после чего со мной и папой стали общаться более приветливо и лояльно.

Онкоцентр напоминает огромный муравейник. Муравейник человеческого горя, пропитанный суетой и страхом смерти. В поликлинике из-за скопления народа яблоку негде упасть. Все стены облеплены онкологическими больными, терпеливо ждущими своей очереди.

Поликлиника Онкоцентра им. Н.Н. Блохина. Муравейник человеческого горя.

     Вот перед кабинетом уже несколько часов обреченно сгорбилась одинокая старушка. Наверное, у нее не осталось ни родных, ни близких, которые могли бы поддержать в борьбе со страшной болезнью. Сколько ей еще быть в этом мире? И на закате жизни – лишь одиночество, равнодушие чужих людей и многочасовые очереди к онкологу.

А вот перед регистратурой понуро сидят молодой человек и его пожилая мама. Дрожащими руками женщина достает из термоса что-то съедобное и пытается среди шума и гама принимать пищу.

В уголочке тихо плачет миловидная женщина средних лет. Еще несколько часов назад я чуть не столкнулся с ней в коридоре и уступил ей дорогу. Она улыбнулась и медленной грациозной походкой проплыла мимо. И вот теперь ей сообщили страшный диагноз. Судорожно подергиваются хрупкие плечи. Жалобные всхлипы и рыдания, совсем как у маленькой девочки, которую успокаивает мама.

Регистратура поликлиники Онкоцентра им. Н.Н. Блохина. Каждый ждет своей очереди и мечтает получить заветный талончик к онкологу.

И мой отец, такой потерянный и раздавленный горем. Смущенно озираясь по сторонам, пытается спрятать использованные бахилы обратно в сумку.

Всю жизнь он проработал на очень вредном химическом производстве, отдавая своей родной стране силы и молодость. А когда пошел на пенсию, стал копейки считать, экономя даже на бахилах. Бездушная система высосала все соки и здоровье, а потом выплюнула, как отработанный материал, умирать от онкологии.

За несколько дней до лечения нас послали на компьютерную томографию. Это исследование проводится аж на трех этажах с длиннющими коридорами, в кабинетах которых расположилось множество томографов. И перед каждым кабинетом – большая очередь. В одной из них стали ждать и мы. Периодически медсестра выносила выпить специальную жидкость.

Через несколько часов ожидания мы стали нервничать. Исследование проводится на голодный желудок, что вызывало дополнительную боль для папы. Уже давно прошли люди, стоящие в очереди перед нами, и многие из тех, которые подошли гораздо позже. А нас все не вызывают и не вызывают. На вопрос: «Когда?»- короткое: «Ждите», без дополнительной информации и объяснений. Может, денег хотят, может, так и положено - непонятно.

Прошло еще полчаса. Застенчивым тихим голосом я стал интересоваться, когда же наконец нас вызовут? Дородная медсестра презрительно посмотрела в мою сторону: «Как Вы уже достали! Вам же сказано – ждите!»

Тут не выдержал папа. Красный, как рак, он встал со своего места и, медленно двигаясь вперед, стал что-то доказывать. А медсестра в ответ стала на него кричать. От обиды и возмущения мне хотелось ее разорвать: «Человеку осталось жить несколько месяцев, а ты, сука, орешь на него! Да как ты вообще смеешь, мразь такая!» Мне очень хотелось закричать в ответ, но я молчал, судорожно глотая горький ком. И лишь пожилая больная рядом стала успокаивать папу: «Что Вы, что Вы! Разве можно так волноваться? Нам это противопоказано. Успокойтесь!»

Наконец через 4 часа мы дождались исследования. Пока папе делали томографию, я стал гулять по длинным коридорам: «Интересно, где же у них туалет? Если прождать столько времени и выпить столько жидкости, человеку непременно захочется справить нужду». После тщательного поиска я все-таки нашел неприметную заветную комнату безо всяких опознавательных знаков. А как же больные? Ведь среди них много тяжелых и ослабленных. Неужели еще и на такие поиски они должны тратить свои последние силы?

Возле регистратуры отделения рентгеновских исследований стояла молодая женщина. Вчера в городе Дзержинске Нижегородской области ей сообщили, что у нее рак, и направили в Московский онкоцентр. Всю ночь в вагоне поезда под стук колес ее душили тревожные мысли. И вот она растерянно стоит и слушает, как ее отчитывает работница регистратуры:

-Что же Вы все сюда претесь? Вы приехали в такое престижное учреждение, самый главный онкологический центр страны. И даже не взяли диск с КТ!

-Я не знала, что он будет нужен, - оправдывается больная женщина. – Мне его не дали в нашей больнице. Просто направили к Вам.

-Без диска не примем. Возвращайтесь обратно и требуйте, чтобы Вам его выдали...[3]

После исследования мы нашли тихий закуток, где измученный папа кушал бутерброд с колбасой, медленно пережевывая маленькие кусочки. Крошки хлеба застревали у него на губах и кофте. Мне хотелось плакать, но я, подавляя скупые слезы, старался стряхнуть эти крошки на землю.

Через несколько дней ранним утром папа позвонил и радостным голосом сообщил, что результаты исследования на PDL-рецепторы наконец-то готовы и его приглашают на первый курс иммунотерапии. Слава богу! Какое счастье, что мы начнем лечение до Нового года! Еще бы несколько дней, и мы бы не успели. Пришлось бы ждать, когда закончатся эти долгие январские праздники.

Иммунотерапия проходила в условиях дневного стационара. Большая комната, по всему периметру которой расставлены кресла, напоминающие стоматологические. Люди заходили как тени, занимали свободные места и несколько часов находились под капельницей. После окончания лечебной процедуры они также тихо выходили, многие оставляли медсестре конвертик.

Некоторые больные чувствовали себя очень плохо. Один мужчина приехал на очередной курс «химии» из Тулы. Денег на такси или проживание в Москве уже не было. С огромной слабостью и температурой выше 38° он 3 часа трясся в электричке, а потом в метро. Маленькими шажочками он вышел из процедурного кабинета, отдышался и, периодически останавливаясь, побрел к лифту. Ему еще предстояла долгая дорога домой.

В томительном ожидании папы я познакомился с одной женщиной, муж которой в это время также проходил лечение. Оказалось, это наши товарищи по несчастью. То же заболевание, та же иммунотерапия, тот же лечащий доктор.

Супруга онкобольного с опухшими от слез глазами рассказывала мне их грустную историю, так похожую на нашу. Ее муж не достиг даже пенсионного возраста, ему всего 59 лет. Плановые медосмотры в поликлинике ничего плохого не показывали. Назначать анализ на

---

[3] До настоящего времени в России нет возможности передать медицинскую информацию о пациенте (анализы, результаты обследования ит.д.) из одного лечебного учреждения в другое.

онкомаркеры участковый терапевт категорически отказывалась, говорила, что нет показаний. А потом уже было поздно - большая опухоль желудка с метастазами в печень. За громадную взятку удалось получить направление в Онкоцентр, где больного включили в программу экспериментальной иммунотерапии. Обычную «химию» из-за тяжести осложнений больной уже не вынесет.

Женщина заплакала и трясущимися руками стала вытирать платочком слезы: «Как же хочется, чтобы это новое лекарство помогло! Мы не готовы потерять родного человека так быстро!»
Наконец-то закончилась наша капельница. Перед отъездом папа тепло пожал руку лечащему доктору, и в этом прощании было столько благодарности, надежды и желания жить! По московским пробкам сквозь снежные заносы такси нас увозило прочь. Когда мы добрались до дома, вконец измученный папа, не раздеваясь, лег на кровать и сразу уснул. Сегодня он совершил большой подвиг в борьбе с этим страшным заболеванием.

А мне еще предстояло ехать на работу. Огромное спасибо коллегам, которые относились с пониманием и лояльностью к моим опозданиям и прогулам. Заканчивался сумасшедший декабрь. Впереди – неизвестность, тревожное будущее и ожидание огромного горя. Нервы натянуты до предела. Чтобы не сойти с ума, дома я уходил в свою комнату, смотрел кинокомедии и громко рыдал. Нельзя раскисать! Надо держаться! Это только начало…

На следующий день после первого курса иммунотерапии папа стал температурить. Эпизодические свечки до 38º и выше, симптомы ОРЗ, ночные боли в желудке, которые снимались только приемом пищи.

Возникло очень много вопросов, например, не спровоцируют ли жаропонижающие средства желудочное кровотечение, какие препараты применять для лечения вирусной инфекции на фоне иммунотерапии, как долго использовать для купирования желудочной боли альмагель?

В краткой и путаной инструкции, которую нам выдали в онкоцентре для лечения осложнений, ответов на эти вопросы не было. Лечащий доктор до окончания новогодних праздников не доступен. Да и страшно к нему обращаться по каждому поводу, ведь от него зависит, оставить нас в программе спасительного лечения или нет.

После проведения первого курса иммунотерапии нам дали рекомендацию наблюдаться у онколога по месту жительства. В прикрепленной поликлинике рядом с домом таких врачей просто не оказалось. Ближайший онколог, к которому мы относимся, сидит в другом районе Москвы, к нему надо ехать минут двадцать на метро, а потом еще на автобусе и затем сидеть несколько часов в очереди.

Районная поликлиника. Сюда предлагается приехать онкологическому больному на прием к онкологу «по месту жительства». Суета, давка, очереди. А сил нет выйти даже из собственного дома.

Тяжелый онкологический больной просто не в состоянии все это вынести. Нужен патронаж с периодическим посещением онкобольного в домашних условиях. Этого в нашей стране просто нет.
Больным проводят сложное лечение химио- или иммунопрепаратами, после которых могут быть тяжелые и грозные осложнения. А людей просто отправляют домой, где они «барахтаются», как могут. Получается, что «великая и сильная» Россия не в состоянии оказывать бесплатную паллиативную помощь онкологическим больным.

После новогодних праздников состояние папы ухудшилось. Пока мы везли его на Каширку, ему несколько раз становилось дурно в такси. Выйдя из машины, он долго стоял и глубоко вдыхал свежий морозный воздух. Несмотря на двадцатиградусный мороз отказался застегнуть пальто. Опираясь на мою руку, он медленно, тяжело и неуклюже стал передвигаться в сторону клинического корпуса. А его длинный коричневый шарф волочился рядом по снегу, и нам было не до шарфа. Лишь бы папа не упал, лишь бы у него сил хватило добраться до доктора. Анализы оказались нехорошими. Креатинин и мочевина, которые отражают функцию почек, были в несколько раз выше нормы. Высокие показатели АлАТ и АсАТ говорили об очень плохой работе печени. Появилась желтушность склер и кровоизлияния под кожу. Второй курс иммунотерапии нам отложили.

Я попросил лечащего доктора госпитализировать папу. Если надо платно, то мы готовы. Но она отказалась, сказала, что показаний для госпитализации нет, а платных услуг они не оказывают.

Игнорируя мнение лечащего доктора, я нашел платную больницу, где есть онкологическое отделение. Паллиативная помощь онкобольным стоила около пятнадцати тысяч рублей в сутки. Но если все пустить на самотек, папа быстро уйдет. Огромное спасибо заведующей отделением и лечащему доктору этой больницы. Они окружили папу заботой и вниманием, создали очень комфортные условия для пребывания в стационаре.

Началась борьба с почечно-печеночной недостаточностью. В этот период я очень боялся, что из-за плохих анализов и тяжелого папиного состояния нас выкинут из программы, и был морально готов продолжить иммунотерапию своими силами и средствами. Но это огромные деньги! Только один курс стоит около миллиона рублей. А такие курсы надо проводить каждые три недели, иногда годами, пока есть положительный эффект.

Помню, за несколько лет до болезни мы с папой очень сильно поспорили по поводу того, что девчонки из «Pussy Riot» Мария Алёхина, Екатерина Самуцевич и Надежда Толоконникова осквернили Храм Христа Спасителя. Тогда я пытался доказать, что их не в тюрьму надо сажать, а разбираться с психологами в причинах этого ужасного поступка, потому что, скорее всего, это просто дикая форма протеста против существующей действительности.

Папа тогда очень сильно рассердился, стукнул кулаком по столу и закричал: «Не надо ни в чем разбираться. На свете есть только два верных способа, как обуздать человека. Это сила и страх. Человек должен бояться. Вот тогда только и будет порядок. Мы с песнями строем ходили и были счастливы!»

- Папа, но я не хочу жить на страхе.
- Нет, будешь!

И ведь прав оказался. Я теперь всего боюсь. Боюсь общаться с людьми. Боюсь, что нас выкинут из программы. Боюсь, что у нас просто не хватит на лечение денег. Из-за отсутствия этих бумажек мы можем потерять родного человека.

О, этот проклятый страх! С одной стороны, чтобы максимально уделять внимание папе, надо сокращать свои бесчисленные подработки. С другой стороны, страшно их сокращать! Чтобы хоть как-то укрепить быстро сдувающуюся подушку финансовой безопасности, я устроился еще на одну работу. Морозным утром по хрустящему снегу – к папе в платную больницу. Из платной больницы – в «бесплатную» Каширку на прием к лечащему доктору. Потом отвезти папу обратно и работать, работать, работать…

Как мы радовались, когда постепенно биохимические анализы стали возвращаться к норме. По крупице, маленькими шажочками мы уходили от смерти и возвращались обратно к жизни.

Папа приободрился, с аппетитом стал кушать. Ему очень нравился больничный компот, он просил добавки и с удовольствием пил ароматный витаминный напиток.

Оказалось, не мы одни такие. Очень многие онкологические больные восстанавливаются после химиотерапии в платной больнице, не надеясь на государство и разочаровавшись в бесплатной онкологической помощи.

И вот наша новая маленькая победа! Через несколько недель упорной борьбы с почечно-печеночной недостаточностью нас допустили ко второму курсу иммунотерапии.

К сожалению, улучшение состояния было только временным. Хорошее настроение и бодрость сменились подавленностью и безразличием. Папа перестал отвечать на телефонные звонки и просил не звонить ему.

Он не читал книг, не смотрел телевизор и не беспокоил медперсонал. А целыми днями лежал в больничной кровати и смотрел в окно на квадратный кусочек неба, окруженный многоэтажками.

Папа больше не радовался, когда мы приезжали его навещать. Все общение сводилось к коротким фразам – подать и вынести судно, проследить за капельницей, позвать медсестру. Часами я сидел рядом и наблюдал, как папа дремлет или все больше и больше уходит в себя. А по ночам он большую часть времени проводил в туалете. Из-за длительного приема альмагеля развился жуткий запор. Не помогали никакие известные средства, а клизмы вызывали лишь болезненные и частые позывы к дефекации слизью. Периодически в туалете папе становилось дурно, и он терял сознание. Поэтому под рукой он все время хранил нашатырь.

И все-таки один раз нам удалось поговорить. Я стал расспрашивать папу о детстве и его родителях. Он очень оживился, долго и красочно сквозь постоянную икоту рассказывал, как маленьким он ездил на велосипеде по деревенским улицам, как вместе с лучшим другом закопал игрушку, а более чем через шестьдесят лет друг нашел это место и откопал ее.

Папин отец умер очень рано, практически сразу после войны. Тогда папа был еще малышом и поэтому запомнил отца только в гробу. Вспоминая об этом, папа заплакал, и в этих слезах было столько боли, столько обиды! Жизнь закончилась. Ему тоже скоро лежать в гробу. Почему так рано? Зачем? Как это несправедливо!

Добираться до Каширки становилось все сложнее и сложнее. По дороге в такси ему становилось очень дурно. Он начинал кричать и требовал нашатырь. От крика я терялся и, роясь среди бесчисленных пузыречков и таблеток, долго не мог найти то, что нужно.

Нас высаживали у главного КПП[4] онкоцентра. До входа в корпус предстояло преодолеть еще сто семьдесят метров. Сил у папы уже не оставалось. Через каждые три-четыре метра я подавал ему маленький складной стульчик. Он ненадолго садился, и мы снова медленно ползли к «Башне Смерти». А иногда сил не оставалось даже на стульчик, тогда я подхватывал папу под плечи, а он обнимал меня, как маленький. Словно уже прощался.

---

[4] КПП – контрольно-пропускной пункт. Для предупреждения терактов одно или несколько КПП установлены практически во всех лечебных учреждениях. Нередко создают массу проблем для больных и их родственников, так как оформление пропуска в больницу занимает много времени.

170 метров от КПП до Башни Смерти. Через «не могу», боль и слабость.

Но и в самом корпусе предстояло пройти еще большой холл с раздевалкой и длинный коридор до лифта. Мы там подолгу останавливались, так как у папы часто появлялись болезненные позывы к рвоте. Он судорожно сжимал полиэтиленовый пакетик и сплевывал туда скудную слизь. А я в это время стоял и смотрел, как за окном метет пурга, и маленькие вихри, кружась, наметают целые горы снега.

    В башне функционировало всего несколько лифтов. Иногда их приходилось ждать более пяти минут, и перед лифтами всегда скапливалась большая толпа людей. Каким-то чудом этой толпой нас заносило в узкую кабинку лифта. Место для стульчика там уже не оставалось, от быстрого движения лифта и резкого перепада давления папу начинало мутить, он без сил сползал по стенке и заваливался на пол. Я едва-едва успевал подстелить рюкзак. Были еще грузовые лифты, где перепады давления при движении были не такими резкими, но нас оттуда гоняли, так как мы занимали место для больных на каталках.

    Так мы каждый раз добирались до лечащего доктора с Каширки. В ее кабинете папа собирал последние силы и старался держаться бодрячком. Только бы нас не выкинули из программы. Ведь тогда мы потеряем последнюю надежду. А так хочется жить!

Состояние папы стремительно ухудшалось. Ему опротивела платная больница, и он попросился домой. Там он тихо лежал в постели, уткнувшись в стенку. Но часто начинал кричать на маму, упрекая ее в медлительности и нерасторопности. Психологическая атмосфера в доме царила ужасная. Одному богу известно, как маме все это удавалось выдержать. Мы не успевали приспосабливаться к нарастающей папиной слабости. Еще совсем недавно мы радовались, что у нас есть складной стульчик, а теперь он уже стал бесполезным. Пока мы выбирали коляску для папиной транспортировки на Каширку, понадобилась уже каталка…

Помню нашу последнюю поездку в онкоцентр. Неимоверными усилиями мы с мамой подняли папу с кровати, надели на него брюки, кофту и пальто. В подъезде папа не держался на ногах, перед лифтом он стал плакать и стонать. Каким-то чудом нам удалось его дотащить до такси. Я понял, что дорогу от КПП до башни он уже не преодолеет. Но на территорию больницы машину пропускать категорически отказались. Для этого требовалось разрешение лечащего доктора и куча документов. А может быть, нужно было просто дать взятку? Папа стонал на заднем сиденье, я растерялся, и у меня началась паника.

Что делать? Оставить папу в такси, а самому бежать к доктору и умолять его пропустить машину к корпусу? Искать коляску? Но где? Да и пока я ее найду, пройдет очень много времени. Недалеко от нас я увидел мужчину, который пересаживал пожилую женщину с коляски в иномарку. Я кинулся к нему и стал слезно его просить за большие деньги одолжить нам коляску на несколько минут. Мужчина нахмурился и ответил, что у него нет времени. Тогда я бросился в башню, по дороге расспрашивая всех, где найти коляску? На мое счастье коляска оказалась в другом корпусе, у сестры-хозяйки в поликлинике. Вихрем я взлетел к ней на четвертый этаж, оставил пятитысячный залог и помчался обратно. А тут уже мама звонит и плачет, почему меня так долго нет и куда же я пропал.

Наконец-то мы пересадили папу на коляску и повезли в башню. По дороге он плакал и кричал, просил, чтобы я его вез не передом, а задом. Но легче ему от этого не становилось, мы периодически останавливались, и его тошнило слизью…

В процедурном кабинете папе опять сделалось дурно. Его положили на кушетку и пытались установить капельницу. Это долго не получалось, так как все вены были исколоты, на руках и ногах багровели огромные синяки.

Лечащий доктор наконец-то решила, что папу пора госпитализировать. Надо отдать ей должное, с ее помощью мы сразу получили отдельную палату, папе не пришлось самому спускаться в приемный покой. Все необходимые документы в приемном покое за папу оформил я.

Вместе с медсестрой мы отвезли отца на каталке в реанимацию, где ему установили подключичный катетер. Когда мы его забирали обратно, вся подушка и простыня были в крови. А папа слабым голосом прошептал: «Как меня там замучили!»

Первые несколько дней мы с мамой у отца дежурили по очереди. Я приезжал с утра и оставался на Каширке до обеда. Потом подъезжала мама, а я спешил на работу. Папа становился все более раздражительным и очень ругался, если на его взгляд, мы делали что-то не так. Однажды от папиного крика я с испуга вылил в унитаз его зубной протез, так как не ожидал, что он окажется в стаканчике с чаем. И лишь когда вместе с чаем из стакана что-то плюхнулось, догадался о своем промахе.

В другой раз ночью папа перевернул утку, моча и каловое содержимое растеклись по всей палате. В четыре часа утра папа позвонил маме, страшно перепугав ее звонком. Но что она могла сделать в такое время на другом конце города? Так он и дышал испражнениями и мочой остаток ночи. Утром медперсонал высказал нам претензию, что мы до сих пор не наняли сиделку, и ему пришлось вымывать палату от зловонного содержимого.

За несколько дней до смерти в пятницу папе повторно сделали компьютерную томографию. Оказалось, что иммунотерапия в нашем случае не оказала никакого эффекта. Метастазы в печени увеличились в два раза, максимальным размером до десяти сантиметров в диаметре.

Во время исследования у папы возникла рвота кровью. Ему экстренно сделали так им нелюбимую эндоскопию желудка, но оказалось, что это были старые сгустки крови. Источников свежего кровотечения обнаружено не было.

Сразу же после исследования мне позвонил лечащий доктор и сообщил, что не видит смысла в дальнейшем лечении. Из программы нас однозначно исключают, папа «уходит», и в понедельник мы должны его забрать умирать куда-нибудь в другое место.

Чтобы как-то поддержать угасающую печень, доктор посоветовал приобрести один дорогой препарат, который очень эффективен при острой печеночной недостаточности. Принимать его надо как можно раньше, желательно уже сегодня вечером.

Обегав все окрестные аптеки, мама развела руками: такого препарата нигде не было. Интернет показал только два места, где его можно было купить. Я поспешил с работы туда, на другой конец Москвы. Только бы успеть, пока не закрылась Каширка! После восьми вечера охрана перекрывает вход и родственников не пропускают.
Изрядно понервничав и поплутав по окрестностям, я наконец-то нашел нужную аптеку. Там, как назло, громадная очередь! Как она медленно движется! А стрелки часов неумолимо приближаются к 20.00…
Каким-то чудом я успел проскочить мимо охраны в последние минуты до закрытия больницы. Сиделка растормошила папу, тяжело дышавшего в темном углу палаты:
- Владимир Александрович! Присядьте, надо обязательно выпить эти таблетки.
- Как Вы меня замучили! Не нужны никакие таблетки! Уйдите все!
После приема лекарства папа опять погрузился в горячечный сон, сиделка уехала. В коридоре тускло мерцала лампочка, а я еще долго сидел в полумраке палаты, слушал хрипящее дыхание отца и беззвучно плакал…

Папа был очень сложным человеком. Я сидел напротив него и вспоминал много хорошего и плохого из своей жизни, проматывая её, как кинопленку, назад в детство.

Яркими картинками всплывают первые детские воспоминания. Еще совсем маленький, я пугливо жмусь к маме, недоверчиво поглядывая на незнакомого хмурого дядю. И мама меня ласково к нему подталкивает: «Не бойся, это же твой папа. Он хороший и добрый».

И я, трехлетний несмышленыш, опасливо и робко подхожу к нему поближе и думаю: «Правда, хороший? Хотелось бы верить».

Другая картинка. Я в деревне у бабушки. Все домашние в ожидании гостей на свадьбу моего дяди. И вот вдалеке раздается гул машин. Ворота распахиваются, а в толпе я вижу такое родное и знакомое лицо: «Ура! Мой папа приехал!»

Деловитым и бодрым шагом мы направляемся из старой коммуналки в новую двухкомнатную квартиру. Скоро наша семья туда переедет, а пока надо все для этого подготовить. Помню, моя жизнь тогда чуть не оборвалась, едва начавшись. Неожиданно мне захотелось перебежать дорогу перед домом, и я чуть не попал под колеса проносившейся мимо белой Волги. Ангел меня тогда спас, остановив в нескольких сантиметрах от надвигавшейся смерти. Оглядываюсь назад и вижу растерянные и испуганные лица отца, а рядом товарища по работе и его сынишки, стоявших на обочине дороги. Как странно! Всех этих людей уже давно нет в живых. Тогда должен был умереть я, но почему-то умерли они…

Папа мастерит полочку в ванную комнату. Она до сих пор сохранилась, украшенная затейливыми резными узорами, сверкающая, как и много лет назад, синей краской.

В годы тотального дефицита многие вещи было очень трудно купить, и папа их делал сам. Письменный стол для меня и моей сестры, переделанный из старого шкафа. Настольная лампа с деревянным абажуром, на котором папа выжег выжигателем и раскрасил сказочные картинки.

У отца были золотые руки. К сожалению, я не смог перенять его навыки и умения, так и остался неумехой в бытовом плане. Папа был очень вспыльчивым и начинал злиться, когда не хватало инструментов и материала для работы или когда что-то не получалось. Помню, мы с ним чинили старый порожек в доме бабушки и дедушки. Папу сильно раздражали ржавые гвозди, молоток с поломанной ручкой, некачественные доски для нового порожка.

К отцу подходил дедушка и робко просил: «Володя, да брось ты эти мучения. На наш век хватит!»

Но папа продолжал работать с недовольным лицом. И я невольно испытывал страх. Мне очень хотелось помочь, но я боялся попасть «под горячую руку» и постепенно потерял интерес делать что-то самостоятельно.

Отец был очень импульсивным человеком. У него нередко возникали аффекты и вспышки гнева. В таком состоянии он мог выпороть ремнем или схватить за волосы и хорошенько постучать головой об стенку. Правда, такое бывало очень редко. Больше доставалось коту или попугаю.

А иногда я забывался и слишком громко играл в свои игрушки, мешая папе спать после ночной смены. Разгневанный отец вылетал из своей комнаты, но мне удавалось спастись в туалете. Как поросенок из сказки, я успевал закрыть дверь на крючок «перед самым носом волка», и тогда дверь сотрясалась под тяжелыми ударами папиной ноги. Казалось, что косяк сейчас разлетится в щепки. Было реально страшно.

Самое интересное, что после таких гневных вспышек отец всегда шел спать, и после пробуждения от недавней грозы не оставалось и следа. Папа снова был добрым и ласковым. Зато какие у нас были замечательные вечера! Одеяло, натянутое на спинку дивана, превращалось в пещеру. Мы с папой сидели внутри с включенным фонариком, и я слушал увлекательную сказку. А еще иногда мы вешали на дверь белую простыню, и папа показывал нам диафильмы. Урчание старенького зеленого проектора растворялось в вечерней полутьме комнаты, и детские сказки из диафильмов оживали папиным голосом.

Мне 3 года. С любимой собачкой слушаю папины сказки.

Утро было наполнено томительным ожиданием письма от Мойдодыра, и я, вскочив с кровати, первым делом начинал его искать. Сколько же было радости, когда заветный конвертик находился где-нибудь в шкафчике ванной комнаты или в кастрюле на кухне! Сверкая голыми пятками, я бежал к папе и просил его прочитать письмо. А потом старательно диктовал ответ Мойдодыру[5].

---

[5] «Мойдоды́р» — детская сказка в стихах Корнея Чуковского, названная по имени одного из её героев.

Я очнулся от папиного стона. Он метался по кровати и бредил: то он куда-то спешит, то куда-то летит на самолете, то почему-то называет себя Мишкой. Сквозь невнятные всхлипы и стоны слышалось его бормотание: «У Мишки желудок болит!» Потом папа немного успокоился и заснул…

В детский сад нам приходилось ездить через весь город. Возле завода битком набитый автобус пустел, толпы народа поглощались заводскими воротами, а мы вместе с папой спешили в соседний квартал, где среди высоких тополей был укрыт детский садик.

С каким же нетерпением я ожидал папу к концу дня. Мы садились на трамвай и ехали домой, к игрушкам и развлечениям. Но однажды папа меня не забрал. Напрасно я в ожидании долго-долго ковырялся в песочнице. Напрасно воспитательница внимательно всматривалась в сгущающиеся сумерки, возмущенно поглядывая на часы. Папы не было. И только глубоким вечером с тревожным лицом наконец-то приехала мама. А когда мы вернулись домой, она всю ночь проплакала.

Оказалось, у папы на работе случилось несчастье. Папин товарищ, нарушая технику безопасности, открыл люк железнодорожной цистерны и включил фонарик. Произошел оглушительный взрыв, от которого у этого человека загорелись волосы. Не приходя в сознание, он скончался в машине скорой помощи. Папа в тот день был начальником смены, его исключили из партии, потом судили и хотели посадить на пять лет. Спасло только то, что на его иждивении находились маленькие дети, то есть я и моя сестра (возрастом пяти и двух лет соответственно). В течение длительно времени папа был вынужден отдавать большую часть своей зарплаты семье погибшего товарища.

Шли годы. Я пошел в школу. Мы жили на мамину зарплату. Одному богу известно, как в это время тяжело приходилось родителям. Денег на жизнь еле-еле хватало, и мама с папой едва сводили концы с концами. Экономили даже на плацкартном белье, когда мы с мамой и сестрой на поезде возвращались из деревни в город. Мама покупала только один комплект, простыней застилала матрац и подушку для меня, пододеяльником – для сестры, а сама сидела где-нибудь у нас в ногах[6].

Но однажды ей выдали на работе премию, и на эти деньги она купила нам игрушки и палас в комнату. Вот это было счастье! Помню,

---

[6] В советское время очень часто белье в плацкартном вагоне не входило в стоимость железнодорожного билета.

как я обрадовался большому зеленому рулону в углу коридора. Но папа, вернувшись с работы, был очень недоволен незапланированной тратой. Вечером родители выясняли отношения и разговаривали на повышенных тонах.

В те годы в детских магазинах продавались маленькие коричневые фигурки индейцев. Многие мальчишки приносили их в школу и играли на переменах. А я после уроков шел в детский мир, рассматривал заветные игрушки и тяжело вздыхал. Мне было стыдно просить родителей разоряться на такие траты в условиях хронического безденежья.

Моя нереализованная детская мечта. Уже взрослым человеком я часто вспоминаю этих индейцев и много работаю. Не для того, чтобы было много денег. А для того, чтобы не испытывать ущербность и неполноценность из-за их отсутствия.

А еще многие ребята в те годы собирали марки, с гордостью показывая в школе солидные пухлые альбомы с разноцветными марочными картинками всех мастей.

Почтовые марки, которые я хотел коллекционировать в детстве.

Я мечтал заработать много денег, но не знал, как это сделать. Да и где в советские годы можно было заработать ребенку семи лет? Как-то раз, слоняясь по улице, я наткнулся на несколько стеклянных бутылок из-под пива. Промыв их от грязи в соседней луже, я отнес бутылки в пункт приема стеклянной тары и получил заветные копеечки.

Я тут же помчался к киоску союзпечати, где продавались марки. По моим расчетам мне должно было хватить этих денег на несколько марок. Каково же было мое разочарование, когда продавщица посмеялась над моей мелочью: «Эти марки в розницу не продаются, можно купить только целый альбом. Ты же не покупаешь из упаковки яиц только несколько штук».

Было так обидно и унизительно. Наверное, именно тогда у меня стал зарождаться страх нехватки денег. Не из-за того, что что-то не удастся купить. А потому, что боялся испытать унижение в случае отказа. Родители стали ругаться из-за денег все чаще и чаще.

Однажды за ужином мама стала упрекать папу в том, что он мало зарабатывает: «Я выходила ЗАмуж, - говорила она, делая ударение на первом слоге. – У всех подруг мужья как мужья и лишь у меня …

Она не успела договорить, потому что папа вдруг с силой ударил кулаком по столу. По всей кухне со звоном разлетелись осколки разбитой тарелки с остатками картошки пюре. Мы с сестрой, как мышата, притихли возле стола, мама ушла плакать в ванную комнату. А отец с багровым от гнева лицом и вздутыми венами на лбу стал извлекать стекло из окровавленного кулака.

Скандалы случались все чаще и чаще. Однажды в воскресенье я проснулся в воскресенье от громких криков. Родители опять выясняли отношения. Потом папа закричал страшным голосом: «От обиды! Все болезни развиваются от обиды! Как мне плохо!»

Я с ужасом услышал треск разрываемой шторы и плач мамы. Мне было очень страшно, так страшно, что хотелось поглубже зарыться в одеяло и пролежать так весь день. И еще я чувствовал себя виноватым. Мне казалось, что родители ругаются из-за меня. Позже в тот день я нашел обрывки свадебной фотографии. Я собирал их по всей квартире и пытался склеить в единое целое. Со склеенных обрывков на меня глядели папа и мама, такие веселые и счастливые…

Я стал замыкаться в себе и возвращаться в раннее детство. Мне казалось, что если я окружу себя старыми игрушками и вещами, то все будет, как прежде, когда в нашей семье царили любовь и счастье.
Я вновь подружился со своим плюшевым медведем, с которым много играл в дошкольном возрасте. Теперь он снова стал моим другом, и я доверял свои страхи и радости.

А еще моим другом стал Ленин. Сказалось советское воспитание. Он с улыбкой взирал на меня с книжки Михалкова, которую я часто любил перечитывать. Как мне хотелось рассказать этому доброму дедушке в кепке о своих бедах и горестях! Такое вот нелепое сочетание детства и партийной идеологии.

Своих друзей я тайком брал утром под одеяло. Так мне было спокойней и уверенней. Но однажды за этим занятием меня застал папа. Он резко стянул одеяло и закричал на всю квартиру: «Мать, ты посмотри, какой позор!»

Так я и лежал на всеобщее обозрение. В одних трусах, с медведем и Лениным в обнимку. И мне было очень стыдно.

Моя любимая детская книжка

    Родители стали замечать за мной и другие странности. Например, я стал бояться больших зеркал, и старался в них не смотреть. У меня появилось навязчивое ощущение неполного вдоха. Периодически делаешь глубокие вдохи и не можешь надышаться.

    Папа и мама с работы домой приходили очень поздно. Я сильно скучал и часто уходил на улицу позвонить маме. В то время стационарный телефон в квартире был лишь у избранных. Я находил двухкопеечную монетку и шел к ближайшей телефонной будке. Нередко трубка в ней было срезана, и тогда я долго бродил по соседним микрорайонам в поиске исправного автомата.

    А еще я любил встречать маму с работы. В те годы общественный транспорт в городе был развит плохо. Периодически к остановке подъезжали битком набитые автобусы, и из них как горох высыпались усталые и измученные люди. Среди них я пытался найти свою маму, но иногда ждать приходилось очень долго. Тогда я сидел на корточках и щепкой ковырялся в смоле, расплавленной на асфальте от духоты и жары. А потом кончиком щепки корявыми буквами тщательно выводил на соседнем бетонном столбе слово: «МАМА».

    Особенно тоскливо мне приходилось зимой, когда темнело очень рано. Нередко после домашних уроков я засыпал. А когда просыпался, с удивлением обнаруживал, что хожу по темной квартире и реву.

Лунатиком я был довольно часто. Иногда мне снился один и тот же странный сон, будто бы я куда-то тороплюсь, быстро бегу или плыву. И вдруг на меня внезапно обрушивалось что-то неимоверно тяжелое, тисками сжимало грудь, из-за чего я не мог ни дышать, ни кричать. Обрывками сознания я помню, как, продолжая спать, вскакивал от ужаса с кровати и бежал к входной двери, открывал ее и пытался выбежать в подъезд. Здесь меня и ловил отец. Крепкими и сильными руками он прижимал меня к себе, а я продолжал всем телом трястись и стучать зубами от ужаса.

Невропатолог мне запретил целый год смотреть мультфильмы и выписал какие-то таблетки. Тайком от родителей я их сплевывал и украдкой выкидывал в мусорное ведро.

Я все больше и больше замыкался в себе. Моя отчужденность стала сочетаться с агрессивностью. Однажды я очень сильно обиделся на родителей. Не помню только, за что. Вечером они куда-то ушли, а я им решил отомстить. Взял флакон с красной тушью и обильно полил на обивку входной двери и коврик на пороге квартиры. Получилось очень внушительно, будто бы здесь прирезали целого мамонта. Полюбовавшись на свою работу, с чувством исполненного долга я пошел спать.

Утром мама сидела на кухне, плакала и пила успокоительное. Отец ходил по квартире из угла в угол и стыдил меня: «Видишь, до какого состояния ты довел мать! Она только-только вернулась из санатория, а ты своим ужасным поступком все ее лечение пустил насмарку».

К чувству вины у меня присоединился страх перед одноклассниками. В нашем классе ценилась грубая, примитивная физическая сила. Был король класса и его приближенные – стайка крепких нагловатых подростков, которые держали в подчинении обособленные недружные группки детей.

Как затравленный зверек, на переменах я прятался в закутке перед кабинетом музыки. Там было мало людей, и занятия проходили не так часто. А если и эта норка была занята чужим классом, оставалось жаться поближе к дверям учительской – единственному безопасному месту. Была надежда, что выходящий учитель остановит очередное унижение.

Однажды на уроке физкультуры отрабатывались навыки вольной борьбы, и я, к своему удивлению, поборол «короля». Этого мне не простили, началась травля. После занятий ребята меня часто встречали за школой. Я дрался по очереди с каждым, на место поверженного противника вставал новый, а силы мои с каждой новой дракой всё иссякали и иссякали. И вот, когда я повалил на землю очередного врага и придавил его своим телом, кто-то со стороны ударил меня кулаком в лицо, а потом стали бить ногами по голове и по почкам.

Каждый день я с ужасом ожидал окончания уроков, потому что по дороге из школы домой здесь меня встречали школьные «товарищи».

Это футбольное поле помнит не одну драку и мордобой.

В такие минуты мне хотелось, чтобы отец был рядом. Мне не нужна была его физическая помощь. Просто хотелось моральной поддержки, чтобы я не чувствовал себя одиноким в стае волков. Но жаловаться было стыдно, да и не хотелось. После таких жалоб дома я себя чувствовал словно раздетым, а в школе – оплёванным. Мне не хотелось «раздеваться» перед родными. Было противно от того, что в семье тебя считают своей собственностью и ты должен всегда держать свою душу нараспашку. А папа в любой момент может погрузить туда свою руку и все разворошить.

Однажды мне надоело бояться. Мои школьные «товарищи» нередко тусовались в подвале жилого дома. Я вызвал их из подвала, схватил одного из них за волосы и стал размазывать его лицо в кровавую кашу по асфальту. С неимоверным наслаждением я впитывал в себя чужой панический страх, мне хотелось до бесконечности смотреть в широко раскрытые от ужаса глаза своего обидчика… Какой-то проходивший мимо мужчина расцепил мои руки, судорожно сжимавшие шею хрипевшего подростка…

Как-то раз на день рождения папа мне подарил скейтборд. Видимо, родители надеялись, что с его помощью я смогу быть как все, смогу наладить общение со своими сверстниками, у меня появятся друзья, с которыми я буду весело кататься во дворе своего дома. Я сильно тогда расстроился, потому что этот скейтборд ударил меня в очень больное место. Он мне напомнил, что между мною и сверстниками – огромная пропасть. Что у меня нет друзей. И что я не хочу быть таким же, как все. Я не могу и не хочу быть общительным и коммуникабельным. Остаток своего дня рождения я проплакал в степи, подальше от людей и городского шума. Как маленький дикий зверек, прижимаясь к растрескавшейся земле, вдыхая запах полыни и обильно смачивая слезами пожухлую и пыльную траву.

В школьные годы было и много хорошего. Несколько лет подряд папа организовывал нам поездку на теплоходе. Всей семьей мы путешествовали в Ростов-на-Дону или Москву. Вечерами я и отец любили стоять на верхней палубе. Впереди яркими огоньками мерцали бакены. Мимо проплывали берега, темная полоса которых неожиданно прерывалась кострами рыбаков. Папа рассказывал про небо, показывал звезды и созвездия. А теплоход шел тихо-тихо по лунной дорожке счастья…

Как давно это было! Неуловимым солнечным зайчиком куда-то улетело детство. Я открыл глаза и снова возвратился в темную палату онкологической больницы. Вот и закончилась папина жизнь. Скоро он нас покинет. И навсегда уйдет. Больше мы никогда не услышим его голос. А он словно предвидел свою раннюю смерть и часто говорил о том, как я буду стоять у его гроба и мне будет очень стыдно. Но будет поздно, и ничего уже не исправишь…

Я прислушивался к хрипящему дыханию отца и вспоминал давно забытый весенний день. В тот вечер ко мне в гости приехала девушка, которая мне очень нравилась. Я безуспешно за ней ухаживал, пока учился в институте. И вот, о чудо! Она у меня дома, ест клубнику и чуть насмешливо улыбается своими огромными голубыми глазами. И тут в комнату заходит папа.

Он присоединяется к нашей беседе, переключает внимание девушки на себя и уничижительным голосом произносит: «Мой сын очень медленно выражает свои мысли. Давайте лучше вместо него я скажу…»

В другой раз мы едем с ним на кафедру патологической анатомии. Мне очень нравился этот предмет. С третьего курса я тщательно его изучал и надеялся после окончания института поступить в аспирантуру, защититься и остаться там преподавателем. В силу своей замкнутости и некоммуникабельности мне не удалось приспособиться к виварию, царящему на кафедре. В этой банке с пауками я стал белой вороной и изгоем. Мне отказали в аспирантуре, пришлось возвращать обратно микроскоп, который я забирал для научной работы домой.

Микроскоп был тяжелым, и мне потребовалась помощь отца. Люди, которые меня травили и унижали на этой кафедре, стали ему жаловаться, что я «человек в себе» и «не от мира сего»…
Отец дружелюбно с ними пообщался и под конец произнес: «Чего вы хотите от него? Ведь он же не боец!»

От обиды у меня на глаза навернулись слезы, и я про себя подумал: «Папа, папа, мне и так очень сложно защищаться от хамства. Зачем же ты вступаешь в диалог с моими обидчиками? Да еще бьешь меня в самое больное место, раскрывая его перед врагами…»

К тому времени сестра уже заканчивала институт. С последнего экзамена она вернулась сильно расстроенная и зареванная. За все годы учебы в *в*узе она на всех экзаменах получала пятерки, а на последнем, самом важном, экзамене ей поставили четверку. Говорят, это делается специально, чтобы студенты без связей и денег не могли получить красный диплом.

Мне было жалко сестру. Но еще более жалко стало папу. Он стоял таким растерянным и грустным. Молча слушал историю про экзамен, а потом взял триста долларов – вся валюта, которая имелась в нашей семье, и поехал в институт. Это было очень трогательно. Скромный, плохо одетый мужчина предпенсионного возраста с долларовыми купюрами, торчащими из переднего кармана рубашки. Да разве с этими деньгами решишь такую проблему?

Окончив институт и интернатуру, я два года проработал в родном городе. Но там у меня не было особых перспектив, поэтому после защиты кандидатской диссертации за лучшей долей я уехал в Москву.

Когда я был еще совсем ребенком, папа меня несколько раз возил в столицу во время зимних каникул. Это было увлекательное путешествие. Почти целые сутки в купейном вагоне с интересной книжкой. Необычный ужин в уютном вагоне-ресторане. От избытка впечатлений долго не можешь уснуть и на верхней полке полночи слушаешь перестук вагонных колес. А на следующее утро – Москва!

Мог ли я тогда подумать, что этот город станет для меня родным домом. Это будет еще совсем нескоро. А пока мы вместе с папой катаемся на эскалаторах метро, ходим на новогоднюю сказку в Олимпийский, в первый раз в жизни пьем фанту, посещаем музеи и Планетарий. Последний мне особенно понравился. За одно посещение мы успевали сходить на два или три сеанса. Я даже решил, что, когда вырасту, обязательно стану астрономом.

И вот через много лет, будучи уже взрослым, я переехал жить в этот город. Первые месяцы после переезда у меня было ощущение того, будто бы я попал на подводную лодку. Где-то там, наверху, осталось солнце, родители, друзья и настоящая жизнь. Как же было здорово, когда через несколько недель приехал папа. Вот он бодро шагает от остановки по заснеженной улице, словно кусочек прежнего мира, такого надежного и настоящего. Мы вместе встретили Новый год. Папа очень сильно мне помог в бытовом плане, мы сообща сделали ремонт в моей комнате в общежитии. Мне так не хотелось, чтобы он уезжал обратно…

Время тогда бежало очень быстро. Переехав в Москву, я забрал свою девушку, и мы поженились. От больницы нам дали ведомственную квартиру, и папа снова приехал помочь. Увы, его приезд омрачился крупной ссорой с моей женой. Не имея хозяйственного опыта и сноровки, она увлеклась пирожками и не успела приготовить ужин. Вдобавок ко всему жена с испуга подала на стол манную кашу из свернувшегося молока, и тогда мой отец стал ее стыдить и обвинять в бесхозяйственности. Разразился крупный скандал с потоками взаимных упреков. Помню, жена очень сильно возмутилась: «По какому праву Вы здесь командуете? Почему Вы на меня кричите? Вы же здесь гость». Вне себя от гнева, с багровым лицом отец закричал на нее: «Нет, я здесь хозяин! Я, а не ты».

Жена поджала губы и бросилась вон из квартиры. А я в полной растерянности побежал ее догонять. Было скверное ощущение, что нашу семью сейчас оплевали. Что же мне делать? Поставить отца на место и заставить его вести себя скромнее? Но ведь он же Отец.
Мы стольким ему обязаны. Человек взял отпуск и приехал за тысячу километров нам помогать.

Новая картинка. После приезда в Москву прошло уже много лет. Я развелся с первой женой и через некоторое время встретил самую прекрасную и любимую женщину на свете. Только после этой встречи у меня появилось чувство родного дома. До этого Москва воспринималась просто как место работы. На деньги, подаренные нашей семье на свадьбе, мы с женой решили купить микроволновую печь и холодильник. Когда об этом узнал папа, он сильно расстроился и настоятельно советовал не делать крупных покупок: «Лучше эти деньги отдай сестре. Она ведь сейчас так нуждается...»

Как и папе, мне тоже очень хотелось помочь сестре, которая с мужем и маленькой дочкой жили в небольшой однокомнатной квартире. Светланка мечтала о втором ребенке, но для этого надо было расширить жилплощадь. Взятие нового ипотечного кредита означало бы потерю многих лет на его погашение. Ее муж не работал, значит, придется выплачивать этот кредит самой, а возраст-то уже поджимает.
Я посоветовался с женой. Мы как раз собирались покупать трехкомнатную квартиру для нашей дочки. А пока она подрастет, решили предоставить это жилье Свете на пятнадцать-двадцать лет. Благодаря этому она спокойно сможет рожать второго ребенка и постепенно копить деньги на свою собственную большую квартиру.

Сестра с радостью согласилась на такой вариант, однако захотела квартиру в своем районе, где цены на недвижимость очень высокие. У меня не было такой суммы, и тогда она доложила недостающие двадцать процентов и купила то, что хотела.

Говорят, что квартирный вопрос испортил москвичей. Не только их. К сожалению, нашу семью тоже. Мама почему-то решила, что это квартира принадлежит сестре, которая будет постепенно мне возвращать восемьдесят процентов от стоимости жилья. Папа ее поддержал: «Зачем тебе еще одна квартира? У тебя и так все есть. Сделай сестре такой подарок. Ведь это для нее, может быть, единственный шанс в жизни. «Трешку» она никогда сама не сможет заработать». Я попытался объяснить отцу, что и так оказываю сестре большую помощь. Вместо того чтобы сдавать квартиру в аренду за немаленькие деньги, которые были бы нелишними в моей семье, я отдаю это жилье сестре на двадцать лет. Это квартира покупалась для моей дочки, и я не имею права лишать мою семью такой большой суммы.

Папа скривил губы в горькой усмешке и процитировал известное высказывание:

> Деньги не помогут нам в могиле!
> Деньги не заменят нам любви!
> ... Почему же ради этой пыли
> Люди перестали быть людьми?

Я тогда ничего не сказал, но про себя подумал: «Ради этой «пыли» мне приходится работать как проклятому с утра до глубокого вечера, в том числе в выходные и в праздники. А теперь получается, что я не имею право эту «пыль» зарабатывать для своей семьи. Почему благополучие сестры ставится выше будущего моей дочери? И потом, это ведь не только мои деньги. Это еще и деньги моей жены. Почему же мои родители без ее согласия решили распорядиться ими?»[7]

К сожалению, папа и мама были категорически против, чтобы эта квартира принадлежала мне и моей жене. Отец свою позицию объяснил так: «А если с тобой что-нибудь случится? Тогда наследницей первой очереди станет твоя жена. Вдруг она захочет выгнать из квартиры нашу Светочку? Нет! Квартира будет принадлежать маме. А она потом когда-нибудь подарит ее вашим детям. Или ты нам не веришь?»

И тогда я сказал, что да, я не верю.

И мы перестали общаться.

---

[7] Я не вправе обвинять своих родителей. У многих людей, проживших основную часть жизни при социализме, осталось социалистическое отношение к деньгам и собственности. Социализма больше нет, но человек не может перестроиться от старого мышления: если у кого-то появились деньги, их надо разделить на всех!

Накануне я планировал в отпуске приехать к родителям в гости, к папе на день рождения. А вместо этого поехал в усадьбу бабушки и дедушки, которые меня всегда любили. Я приехал к ним на кладбище, долго сидел возле могилок и с грустью рассказывал им про свое горе. А потом тихо бродил по усадьбе, где с детства все так знакомо и дорого.

Мои любимые бабушка и дедушка. Когда мне плохо и трудно, я приезжаю к ним на кладбище и рассказываю про свою жизнь.

Через три дня ко мне приехала мама. Она уговорила меня вернуться в родительский дом и не пропускать день рождения папы. Я согласился. Как оказалось, это был последний его день рождения, который мы отмечали вместе. Мы не выясняли отношения и не решали «квартирный вопрос». А просто были вместе. Как в детстве. Вопреки сложному характеру отца, вопреки чувству вины, которое в меня вдалбливали столько лет и жуткому комплексу собственной неполноценности. Вопреки. Вместе.

Когда я уезжал обратно в Москву, отец поехал меня провожать. Он стоял на платформе и сквозь блики окна улыбался. А в глазах стояли слезы. И было видно, что он еле себя сдерживает, чтобы не разрыдаться…

Через несколько лет та «злополучная» квартира» нам очень сильно пригодилась. Благодаря ее приобретению родилась моя младшая племянница. Кроме того, эта квартира стала последним местом прописки папы, помогла ему прикрепиться к местной поликлинике и дала возможность быть похороненным недалеко от Москвы.

К сожалению, неприязнь папы к моей жене не осталась не замеченной чужими людьми. Помню, мы сидели за общим столом в кругу родственников, и отец рассказывал всем некрасивые вещи про мою жену и ее родителей. Все слушали и улыбались. Я очень жалею, что тогда промолчал и сделал вид, что ничего не случилось. Мне очень хотелось встать и выйти из-за стола.

В последние годы папиной жизни я не мог с ним оставаться вместе более трех дней. Когда я приезжал в гости к родителям, первые часы и дни отец еще как-то держался. Но потом папа и мама начинали выяснять отношения, психологическая атмосфера в родительском доме становилась просто невыносимой. Погостив так два-три дня, я уезжал в деревню, наше «родовое гнездо».

«Родовое гнездо». Дом, где жили мои бабушка и дедушка. Здесь прошла большая часть моего детства.

Для меня очень дорого это место. Здесь прошла большая часть моего детства. Со временем после смерти бабушки и дедушки дом и хозяйственные постройки усадьбы сильно обветшали, деревянный штакетник во дворе и саду сгнил, а в некоторых местах просто лежал на земле. У меня сердце кровью обливалось, когда я видел такую разруху. Поэтому с каждым своим приездом я пытался восстанавливать усадьбу. Но папа был опять недоволен. Однажды он мне категорически заявил: «Сворачивай свой ремонт. Это пустая трата денег. Лучше бы сестре помог. Она ведь осталась без работы…»

Однажды для замены забора я попросил помощи у родного дяди, который жил неподалеку в пятнадцати минутах ходьбы от усадьбы. Он нанял рабочих, которые поставили новый забор неаккуратно и с большими дефектами.

Когда папа приехал в усадьбу и увидел такое безобразие, он стал во всем обвинять дядю. Тот сильно обиделся и заявил, что вообще больше помогать не будет. Прямо в гостях у дяди посыпались взаимные упреки и обвинения. С криком, оскорблениями и трехэтажным матом.

Потом отец повернулся ко мне и закричал: «Уходим отсюда! Ноги моей больше не будет в этом доме».

А я стоял, словно парализованный, и не мог произнести ни слова. Очень обидно и больно, когда родного человека поливают грязью. Точно такие чувства я испытывал в детстве, когда-то много лет назад дядя и отец уже ругались таким же образом. Они потом не разговаривали друг с другом долгие годы.

Но теперь сквозь обиду я понимал, что отец не прав. Дядя не обязан был мне помогать. Спасибо, что вообще согласился. У человека свои заботы и проблемы, а тут еще этот забор. После скандала, который устроил отец, моя задача по восстановлению усадьбы сильно усложнялась. В тот вечер я не ушел вслед за отцом, остался в гостях. За это отец на меня сильно обиделся и назвал предателем…

Наревевшись, я вышел из палаты и нашел санитарку. Попросил ее за тысячу рублей периодически заглядывать к папе, а под утро поменять памперс. Она пообещала все сделать, но, как оказалось позже, обманула.

Мне рассказывали, что медицинский персонал в этом учреждении очень часто относится к больным бездушно. Например, медсестры отливали часть дефицитного и дорогостоящего препарата Мабтеру[8], а потом за большие деньги продавали его другим пациентам. Один больной на последней стадии рака ползал на коленях и умолял уколоть обезболивающее. А медсестра вместо анальгетика уколола ему обычный физраствор и сказала своим коллегам: «Жалко тратить на всех наркотики. Все равно ведь сдохнет, собака!»

Сиделка поведала, что медперсонал к больным вообще не подходит ни днем ни ночью, даже если звучит сигнал экстренного вызова. И я сам был свидетелем этого.

На следующий день папа перестал узнавать родных. Он отказывался принимать пищу, а к полудню стал громко кричать и требовать выключить свет. В палате занавесили шторы. А вскоре опять

---

[8] Мабтера - противоопухолевый и иммуномодулирующий препарат, который используют для лечения В-клеточной лимфомы.

появилась рвота кровью. Дежурная доктор кое-как остановила кровотечение и трясущимися руками вколола промедол.

На семейном совете мы решили не забирать папу домой. Для него же каждое лишнее движение – это боль и страдание. Да он же там своим криком весь подъезд на уши поставит! И что мы будем делать, если у него в домашних условиях вновь разовьется кровотечение?

Узнав о нашем решении, лечащий доктор очень удивился. Он недоуменно пожал плечами, а потом повел к заведующему отделением. Оба стали объяснять, что мы своим отказом причиняем отцу страдания. Ему больно, очень больно, а в онкологической больнице нет необходимых обезболивающих. Но зато они есть в хосписе. И чем дольше мы будем туда переводить отца, тем больше он будет мучиться.

Вот так, в нашей «Великой империи» нет возможности адекватного обезболивания в условиях ведущего онкологического учреждения. Мы вкладываем миллиарды рублей в «Крымнаш», войну на Донбассе и Сирии, с помпой отмечаем 9-я мая и день города. А чтобы мой папа спокойно умер там, где лечился, у нашей «любимой Родины» нет денег. Его обязательно надо увозить в другое место, чтобы не занимал своим умиранием койко-место и не портил смертью статистику. Мой умирающий папа больше не нужен. И даже умереть ему не дадут спокойно. Папочка, чем я тебе могу помочь? Что мне сделать, чтобы ты так сильно не мучился?

Я стал обзванивать различные хосписы. Где-то не было мест, а где-то просто не отвечали. На мое счастье откликнулся недавно созданный в Москве Центр паллиативной помощи. По электронной почте я отправил туда отсканированные медицинские документы. Через несколько часов комиссия этого центра приняла решение о переводе моего папы в их клинику. Правда, меня предупредили, что для перевозки могут предоставить только обычную скорую помощь без врача, фельдшера или любого другого медицинского персонала. Доставить больного из палаты в машину мы должны будем своими силами. И это при том, что каждое малейшее движение причиняет папе боль и страдание! Мы просто не довезем его до хосписа. Он умрет по дороге. Поэтому мы вызвали платный реанимобиль.

Мама не смогла смотреть, как два здоровых амбала перекладывали папу с больничной кровати на каталку. Отец в горячечном бреду стонал и кричал, чтобы его НЕ ТРОГАЛИ. Один из амбалов, который отказался доктором, равнодушно взглянул на отца, тихо пробормотал: «Кадавер», -

и вколол ему что-то в бедро. По дороге к лифту мы встретили наших знакомых – жену и сына того больного, который лечился по той же схеме, что и отец. Они провожали нас и плакали. А я пожелал им успешного лечения и долгой жизни их родному человеку. Накануне я видел, как он сидел в палате и делал какую-то серьезную работу на ноутбуке. И это при 4-й стадии со множественными метастазами! Как хочется верить, что иммунотерапия все-таки кому-то помогает!

Когда мы покидали отделение, испуганный медицинский персонал выглядывал из своих кабинетов и с просветленными лицами радостно крестился… По московским пробкам реанимобиль все дальше и дальше увозил нас от этого страшного места. Яркий лучик солнца косо скользил по медицинским приборам. На каждой кочке и светофоре отец стонал, и тогда учащенный звуковой сигнал пульсометра смешивался с диким завыванием сирены.

Наконец мы прибыли. Пока готовили кровать, отец лежал на каталке перед палатой в сером обшарпанном коридоре. Несмотря на обезболивание он все время стонал, но два раза членораздельно и призывно произнес: «Утку». Это были его последние слова. Дальше им стали заниматься санитары, а меня увели оформлять медицинские документы.

С сестринского поста я слышал душераздирающие папины крики. Это его перекладывали с каталки на кровать и меняли памперс. Когда я зашел в палату, отец уже спал. Доктор сказал, что ему укололи морфин. В палате находилось еще два человека. Один из них, худой мужчина средних лет с недельной щетиной, безучастно лежал на кровати слева от окна и глядел в потолок. К нему подошла медсестра и предложила поесть: «Вы хоть немного покушайте, а то все лежите и лежите целый день». Но мужчина как будто бы ее и не слышал. Он ни на что не реагировал и смотрел в одну точку.

Другой наш сосед – пожилой человек лет восьмидесяти - грузным телом с атрофичными мышцами беспомощно растекся по больничной кровати. Ему меняли памперс, отмывая дряблую бледную кожу ягодиц от каловых масс[9].

Потом в палату вошли волонтеры и стали предлагать всем блины. Оказывается, была масленица, и какой-то парень в клоунском наряде стал

---

[9] В России не принято отгораживать больного при гигиенических процедурах и смене памперса. Перегородку или ширму ставят только тогда, когда человек умирает.

петь веселые частушки. Старик грустно посмотрел на него, отказался от блинов и произнес: «Я тоже был клоуном. Вся жизнь – это сплошной маскарад». Потом он потянулся за коробочкой с соком на углу прикроватной тумбы, но сил уже не было. Я помог ему, трясущимися руками отвинтил крышку и чуть не разлил содержимое. А потом долго сидел в своем углу и слушал, как умирает папа. Сквозь мокрые глаза больно слепило солнце. Приехала сиделка, поставила иконку над кроватью и сказала, что здесь она уже бесполезна.

Я уехал на работу, но через несколько часов позвонил лечащий доктор и сказал, что папе осталось жить совсем немного. Когда я вернулся в хоспис, мама и сестра были уже там. Они держали отца за руку, плакали и разговаривали с ним. Папа так и не пришел в сознание, но слабое шевеление пальцами и изменение ритма хрипящего дыхания предполагали, что он все понимает.

В палате было сумрачно, наш угол был огорожен белой перегородкой. Сосед слева по-прежнему безучастно смотрел в потолок. А старик, как в кокон, завернулся в одеяло и тихо притаился, словно пытаясь в своем углу отгородиться от смерти.

Так мы сидели и ждали. И тут зашла женщина, больная из соседней палаты. Она попросила у меня сотовый телефон: ей нужно было позвонить своей маме. Я вышел. А когда вернулся обратно, папа уже не дышал. Он лежал с широко открытым ртом, и лишь нижняя челюсть слабо и конвульсивно подергивалась.

Похоронили мы его на Алабышевском кладбище в Подмосковье, под Зеленоградом. Папа очень любил русскую зиму - чтобы был сильный мороз и много снега. Именно так и было на похоронах. Огромное заснеженное поле и леденящий холод. А вдалеке - лес, такой, как в его детстве.

По дороге на кладбище я рассказывал двоюродному брату, который приехал на похороны, о наших последних месяцах жизни. Он тоже доктор. Во время учебы в институте он подружился с сыном очень богатого и влиятельного человека. По рассказам и фотографиям мне запомнились фонтаны из чистого шоколада на свадьбе его друга. Мама двоюродного брата тоже больна раком. Но благодаря грамотному лечению, коммуникации и связям сына ее пока удается тянуть на химиотерапии вот уже много месяцев. При этом очень сильно помогает влиятельный друг.

Брат сначала меня насмешливо слушал, а потом стал критиковать: «10 см опухоли на иммунотерапии? Ха! Ты выбрал неправильную тактику. Таких больных лечат совсем по-другому. Надо было ехать в Обнинск и циторедуктивным методом лечить там метастазы… Не пускали такси прямо ко входу в здание? Да это все решается за 2-3 звонка главврачу! Санитарка даже за деньги не стала убирать памперс? Что за бред? Да у меня бы там все летали, и вся палата была бы вылизана! Ты думаешь, мне легко было организовать лечение матери? Мне приходится везде договариваться, ногами открывать двери, ругаться, напрягать очень много влиятельных людей. Зато моя мама жива! »

Мы ехали на кладбище в катафалке. Я сидел и раздавлено слушал. И папа в гробу рядом тоже молчал и слушал. Дай бог здоровья и долгой жизни маме этого родственника. Но больше мне не хочется с ним общаться. Пусть у него всё будет хорошо, и все летают, но только подальше от меня.

Почему так получается? Двоюродный брат – это родня и близкий человек. Я помню его совсем маленьким, когда наша бабушка читала ему сказку перед сном. А я незаметно забирался под кровать с куском хлеба, посыпанного сахаром, и, притаившись там, тихо жевал бутерброд и слушал. Вроде бы у нас столько много общего с раннего детства. Но почему же мы такие разные? Между нами – целая пропасть.

В своей жизни я очень часто сталкиваюсь с такими «братьями», и в быту, и на работе. Это люди, «заточенные под хамство», с большими амбициями и высокой самооценкой. Они коммуникабельны и очень уверены в себе. Умеют работать локтями. Унижают и распихивают окружающих, чтобы «урвать» свое. В нашей действительности такие люди чувствуют себя комфортно и называют себя патриотами. Патриоты шоколадных фонтанов. Коммуникация, связи, уверенность в себе и хамство – главные черты, которая воспитывает в человеке наша Система.

Если в тебе нет этих качеств, то ты – неудачник. Ты не сможешь удержаться на хорошей должности, потому что тебя просто подсидят и сожрут. У тебя не получится реализовать себя по специальности, даже если твоя работа - любимая. Для профессионального развития недостаточно трудолюбия, высокой квалификации и знаний. А если в твоей жизни случилась большая беда, например, серьезное заболевание, в этой звериной стае ты не сможешь защитить ни себя, ни свою семью.

Мне часто говорят: как ты смеешь поганить нашу великую Родину! Она дала тебе дом, семью и работу. Ты должен гордиться! Живи дальше и будь счастлив! А мне хочется плюнуть этим людям в лицо. И, как когда-то в детстве, превратить эти ненавистные лица в кровавое месиво на асфальте. Но я подавляю в себе это желание. Как глухой стон, подавляю желание увидеть животный ужас в глазах людей, поддерживающих эту звериную систему.

И теперь я боюсь ночей, когда просыпаешься и не можешь больше заснуть. Мне страшно. Страшно за своих детей и жену, потому что в нашей стране я их не смогу защитить от рака или другой страшной беды. Да, я действительно чувствую себя предателем, как когда-то назвал меня отец. Предателем нашей долбанутой пропаганды, от которой люди звереют и, как неофашисты, во все горло кричат, что «Крымнаш», что пора идти войной на Киев и уничтожить атомной бомбой Америку. Самое страшное, что таких людей – большинство, бывшие друзья, родственники, товарищи по работе. И среди них – мои родители, люди, которых ты знаешь и любишь с детства.

Когда это все случилось, мир для меня почернел. Будто бы в родных и близких людях погасли невидимые огонечки. И стало темно, очень темно. И еще я тогда подумал, что, может быть, это и к лучшему, что я – «белая ворона», страдающая жуткими комплексами и чувством неполноценности. Это позволило мне посмотреть на крупные политические события со стороны, перевести их на мелкий бытовой уровень простой человеческой жизни и почувствовать ЧУЖУЮ боль. И то, чем гордится толпа, мне вдруг показалось мерзким, постыдным и подлым.

В это время мне довелось побывать в Венеции. Я бродил по площади Сан-Марко и любовался дворцом Дожей[10]. С помощью так называемого «Моста вздохов» дворец соединен с тюрьмой. Проходя из зала суда, через окошечко моста осужденный человек, может быть, в последний раз в жизни смотрел на солнце, море и небо. Смотрел и вздыхал.

---

[10] Дворец Дожей - великий памятник итальянской готической архитектуры. Это главное здание Венеции было прежде всего резиденцией главы Венецианской республики. Во дворце заседали Большой совет и сенат, работал Верховный суд и вершила свои дела тайная полиция.

Мне стало интересно представить ощущения этого человека. Я побывал на мосту и посмотрел в окошечко. И вдруг понял, что я тоже - осужденный. Как глоток свежего воздуха – весенняя Адриатика, карнавал, ренессанс… А потом – снова тюрьма. Тюрьма со свинцовыми крышами и новым железным занавесом. Агрессия, ограниченность и серость вокруг. Несправедливость, низкая социальная значимость. Ненужность и бессмысленность профессионального развития. Невозможность карьерного роста с помощью знаний. Диктат и навязывание того, о чем мне надо думать, что чувствовать, какие песни слушать.

И в этой тюрьме я обязан любить свою Родину. Я должен радоваться ворованному Крыму и тому, как ловко и подло его украли. Я должен считать, что жить за чужой счет – это нормально. И собственная безопасность за счет присвоения чужих территорий – это тоже нормально. Я обязан ненавидеть Запад, называть украинцев фашистами только за то, что они не захотели идти дальше с Россией и пытаются защитить свой дом. Я должен плечом к плечу НЕ УВАЖАТЬ жизнь другого человека, если он не похож на меня. А в День Победы я должен отмечать не «радость со слезами на глазах», а праздник победобесия, мечтая, как наши искандеры и грады проедут маршем по площадям Киева, Варшавы и Лондона.

Но есть такое поверье. На «мосту вздохов» нужно загадать желание. И оно обязательно сбудется. Я вздохнул и загадал, чтобы я был свободен, но при этом не потерял свою семью и свою настоящую Родину.

«Мост вздохов», соединяющий Дворец Дожей и тюрьму. Через окошечко моста осужденный человек в последний раз в жизни смотрел на солнце, море и небо.

Когда между Украиной и Россией случился конфликт, отец мне говорил: «Молчи и не вмешивайся! Это не твоя война». А мне хотелось ему закричать: «Нет, папа! Это моя война. Я тоже чувствую себя Украиной. У меня тоже есть свой Крым».

Как странно! Вокруг меня вроде бы нормальные люди. Они любят своих детей и родных, заботятся о родителях, говорят красивые вещи о патриотизме и любви к Родине. Вроде бы добрые, хорошие и отзывчивые люди. Но почему же тогда они становятся такими жестокими по отношению к другим людям, «врагам Рейха»? Почему они считают, что имеют право вмешиваться в жизнь других людей, воровать чужое и поливать грязью другую страну? И как это похоже на мою жизнь, в которую тоже вмешиваются близкие люди, культивируя неполноценность и чувство вины. Когда об этом думаешь, становится страшно, зябко и одиноко…

В жизни я занимаюсь диагностикой онкологических заболеваний, смотрю в микроскоп и определяю, опухоль это или нет, доброкачественная или злокачественная. Пытаюсь не пропустить в жизнь человека злое и нехорошее. При этом я чего-то добился и даже стал доктором медицинских наук. Но это мне не помогло. Фактически жизнь поставила мне большую двойку. Она мне сказала, что с моим характером просто опасно жить в России. Мои неуверенность в себе, низкая самооценка и некоммуникабельность не позволили папе пожить подольше или хотя бы сделать так, чтобы он не сильно мучился перед смертью.

Как врач-патолог я часто словно бы переношусь в гистологический препарат человеческих взаимоотношений, расположенный на предметном столике микроскопа, и стараюсь описать морфологию быта, радостей и горестей людей. А потом на малом и обзорном увеличении микроскопа объединяю отдельные гистологические признаки в единую картину и пытаюсь поставить диагноз. Мне кажется, что общества людей и даже целые страны иногда тоже страдают онкологическими заболеваниями.

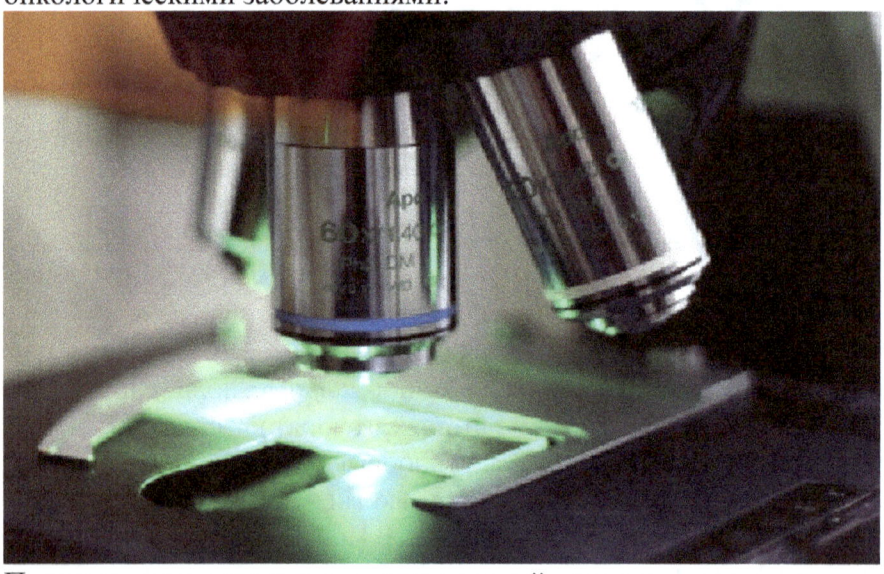

Пытаюсь перенестись в гистологический препарат человеческого общества и стать его маленькой клеточкой. Зачем мне это нужно? Чтобы поставить правильный диагноз. Люди должны знать, что они живут в онкологической системе.

Онкология бывает разной. Яркий пример – фашистская Германия. Как меланома, очень агрессивная и инвазивная. А есть образования с местнодеструирующим ростом, они могут давать метастазы, но больше любят жрать изнутри, питаться здоровой кровью, а также прорастать на соседние территории. Опухоль любит, чтобы все ее клетки были похожими и думали одинаково. Тех, кто отличается, надо уничтожить через унижение, гонения и репрессии. Опухоль не способна к высокотехнологичным производствам, она может только потреблять.

Россия так же, как и мой папа, это онкологический больной 4-й стадии. Онкология ей досталась по наследству от Советского Союза, который тоже умер от рака. Он семьдесят лет мучился, но после продолжительной ремиссии случилась Перестройка, которая спровоцировала распад опухоли.

В 90-е годы мы проходили очень болезненную химиотерапию. С Запада нам давали лекарства, но одновременно передали и всякую заразу (наркотики, проституцию, гомосексуализм).

Сейчас у нас происходит очередной рецидив, с метастазами в Крым, Донбасс и Сирию. Именно из-за этого – шоковое состояние, централизация кровообращения. Жизнь еле теплится в Москве и Питере (сердце и головной мозг), остальные части организма потихонечку умирают.

К сожалению, больной погибнет. Это лишь вопрос времени. Возможно, мы даже доживем до этого. Просто организм крепкий, еще осталось много здоровых клеток – порядочных и талантливых людей, которые сопротивляются опухоли.

Операция по удалению Главной опухоли бесполезна: все проросло метастазами. Они давно уже сидят в мозгах, многие люди сами превратились в раковые клетки. Они живут, как Опухоль, думают, как Опухоль, считают, что любят больного, а на самом деле любят Опухоль. Все это очень грустно.

Однажды я был в Израиле. Есть там удивительное место в Эйлатских горах – Парк Тимна, или, как его еще называют, Копи царя Соломона. Растет в этих горах волнистая акация с маленькими узкими листьями и цветами в виде желтых шариков. Во многих местах растение было поражено паразитом, который, как раковая опухоль, сожрал дерево.

Волнистая акация поражённая паразитом

Волнистая акация – самое распространенное дерево в парке Тимна, как и во всем южном регионе Израиля. Растение поражено паразитом, который, как раковая опухоль, сожрал волнистую акацию. Здоровой осталась только небольшая веточка в правой части фотографии. Это небольшая прослойка Российского общества, которая не поражена опухолью с ее метастазами в Крым, Донбасс и Сирию. Люди, которые не захотели стать раковыми клетками.

Но что удивительно: с гибелью акации умрет и паразит. А рядом вырастет новое, здоровое, не пораженное паразитом деревце. Больной погибнет, но при этом умрет и сама опухоль. А на ее месте возродится новая здоровая Россия, не пораженная онкологическим заболеванием.

А на этой фотографии волнистая акация погибла. Ее сожрал паразит. Но мы видим также и удивительное явление - с гибелью акации умер и паразит. А рядом растет новое здоровое, не пораженное паразитом деревце.

У меня появилась потребность много читать, и, в первую очередь, нашу русскую классику. Она помогает понять многие вещи, которые сейчас происходят в России.

Яркой звездочкой среди дорогих имен для меня стала Анна Ахматова. Есть в Санкт-Петербурге одно удивительное место. Это Фонтанный дом, в котором она прожила более 30 лет. Помню, завороженный, я стоял возле огромного окна, а старые липы Шереметьевского сада шептали мне, о чем думала и мечтала Аня Горенко, гуляя под руку с осенним листопадом.

В «Поэме без героя» Ахматова сделала сад Фонтанного Дома одним из участников и свидетелей драматических событий русской истории:

«И свидетель всего на свете,
На закате и на рассвете
Смотрит в комнату старый клен
И, предвидя нашу разлуку,
Мне иссохшую черную руку,
Как за помощью, тянет он».

Теперь этот сад, и клен, и сама Анна Ахматова протягивают руку помощи мне. Чтобы не сломаться и не бояться жить в тюрьме.

Именно Анна Ахматова помогла мне понять, что те, кого у нас называют предателями, и есть – настоящая Россия. Моя пятая колонна[11]: Сергей Рахманинов, Владимир Набоков, Марина Цветаева, Анна Ахматова, Осип Мандельштам, Михаил Булгаков, Борис Пастернак, Александр Солженицын, Иосиф Бродский, Сергей Довлатов, Андрей Сахаров и многие другие. Этих людей называли предателями, ломали и коверкали их жизни, но они все равно любили свою Родину, как дети любят родителей-заключенных, с которыми прожили в одной тюрьме.

---

[11] «Пятая колонна» - наименование агентуры генерала Франко, действовавшей в Испанской Республике во время Гражданской войны в Испании 1936-1939 гг. В российской политической фразеологии словосочетание активно употребляется в журналистике по отношению к различным типам внутреннего противника, врага или предателя.

Мне бы очень хотелось удостоиться великой чести стать маленькой частичкой этой НАСТОЯЩЕЙ России, которую я люблю. Люблю так же, как и своих родителей, своего папу. Несмотря ни на что. Вопреки!

Когда-то я ездил в Норвегию, в город Осло, и долго бродил там по парку Вигеланда. Вдоль центральной аллеи парка расположились скульптуры, изображающие различные сцены человеческой жизни. В самом начале парка эти сцены жизнерадостные – вот папа играет со своими детьми, вот дети уже подросли, и гордый отец радуется их успехам.

Парк Вигеланда (Осло).

Это мой папа несет меня маленького на руках в поликлинику, когда я вывихнул ногу.

Парк Вигеланда (Осло).

Вечерние будни нашего далекого детства: папа и дети играют в слоника.

Но чем дальше уходишь в глубь Парка, тем сложнее и противоречивее становятся каменные и бронзовые композиции. А под конец в них читаешь столько трагизма и боли, что невольно хочется плакать.

Парк скульптур Вигеланда (Осло). Дерево жизни. В его ветвях ребенок, который остался без родителей.
Хоть я уже и взрослый человек, все равно чувствую себя таким ребенком, с тех пор как потерял отца.

В самом центре Парка Вигеланда располагается скульптура «Монолит», которая считается его главной композицией. В центре каменной платформы установлен 17-метровый столб, состоящий из переплетенных и обнаженных человеческих тел.

Скульптура «Монолит». Парк Вигеланда (Осло).

Здесь и онкологические больные, которые вовремя не получили нужную помощь из-за санкций и противостояния России с Западом. И дети Донбасса, погибшие ради того, чтобы Украина не вошла в состав НАТО, и ради того, чтобы военные базы наших западных «врагов» были подальше от границ с Россией. И много-много других поломанных судеб и загубленных жизней, которые складываются в величие могучей империи.
А мы должны гордиться этим величием.

    Мои отношения с папой чем-то напоминают такой парк. К сожалению, даже перед смертью отца я не смог найти психологическую близость с ним или хотя бы поговорить по душам. И еще я очень жалею, что последний Новый год я встречал не с ним. Я уже знал, что это будет его последний Новый год. Но в это время отец заболел ОРЗ, а я не хотел заражаться сам и заражать свою семью, отменять из-за болезни поездку на январские праздники, которую мы давно запланировали. Во время праздников мне хотелось быть с женой и детьми, а наверное, надо было быть с отцом.

    Папа встречал свой последний Новый год только с мамой. Где-то за окном люди радовались жизни и пускали петарды. А отец грустно сидел за столом и *в* последний раз в жизни слушал новогодний звон курантов.

Последний Новый год. Бьют куранты, где-то люди радуются празднику и новой жизни. А папе осталось жить 44 дня.

И только когда он умер, я вдруг понял, КОГО я потерял.
Что больше я никогда его не увижу, не услышу его голос.
И только во сне он приходит ко мне очень часто, почти каждую ночь и просит быть рядом…

И снова мы с папой вопреки всему из последних сил медленно преодолеваем расстояние от КПП до Башни смерти. Я его поддерживаю, а он обнимает меня, словно уже прощается. Снова каждый его стон больно отдается в сердце, когда реанимобиль подпрыгивает на кочках по дороге в хоспис. Снова отец плачет и стонет, такой измученный и беспомощный, когда его перекладывают с каталки на больничную кровать умирать. Так хочется жить, жить вопреки…

    Накануне сорокового дня мне приснился сон. Будто бы я приехал на кладбище, а вместо могильного холмика – больничная кровать, и на ней лежит мой папа, *в*еселый и в очень хорошем настроении, обрадовался моему приходу, улыбается. Рассказывает, что ему здесь хорошо. Что он уже со всеми своими новыми соседями познакомился и подружился. Он и в жизни-то был коммуникабельный и очень общительный:
-Но только ты не думай, что я умер. Нет, я живой, - и протягивает мне руку. А рука у него теплая-теплая. - Вот послушай, у меня даже сердце бьется, – и тянет мою ладонь к себе на грудь.

    И действительно, я чувствую, как бьется его сердце. Как же его не хватает! Так хочется поговорить с ним.
    Как-то раз я в задумчивости поймал себя на том, что набираю его телефон.
    А однажды мне пришлось съездить в ту больницу, где он лежал незадолго до смерти. Было такое ощущение, что если я сейчас поднимусь в то отделение, зайду в ту палату, я снова увижу его. Он вовсе не умер. Он ждет…

Когда я был еще совсем маленький, помню, как улетал в небо Олимпийский Мишка.

Вечером я стал расспрашивать папу, а что с ним случилось дальше. Куда он улетел? И папа мне рассказывал сказку о дальнейших приключениях Олимпийского Мишки.

На сороковой день в 8 вечера папина душа улетела в небо вслед за этим Мишкой…

www.ingramcontent.com/pod-product-compliance
Lightning Source LLC
Chambersburg PA
CBHW052119070526
44584CB00017B/2553